ADMINISTRAÇÃO REGIONAL DO SENAC NO ESTADO DE SÃO PAULO
Presidente do Conselho Regional
Abram Szajman
Diretor do Departamento Regional
Luiz Francisco de A. Salgado
Superintendente Universitário e de Desenvolvimento
Luiz Carlos Dourado

EDITORA SENAC SÃO PAULO
Conselho Editorial
Luiz Francisco de A. Salgado
Luiz Carlos Dourado
Darcio Sayad Maia
Lucila Mara Sbrana Sciotti
Jeane dos Reis Passos

Gerente/Publisher
Jeane dos Reis Passos
Coordenação Editorial
Márcia Cavalheiro Rodrigues de Almeida
Comercial
Marcelo Nogueira da Silva
Administrativo
Luís Américo Tousi Botelho

Edição de Texto
Adalberto Luís de Oliveira
Preparação de Texto
Karinna A. C. Taddeo
Revisão de Texto
Heloisa Hernandez (coord.)
Carolina Hidalgo Castelani
Patricia B. Almeida
Projeto Gráfico
Antonio Carlos De Angelis
Fotos
Luna Garcia – Estúdio Gastronômico
Impressão e Acabamento
Cromosete Gráfica e Editora Ltda.

EDITORA SENAC SÃO PAULO
Rua 24 de Maio, 208 – 3º andar
Centro – CEP 01041-000
Caixa Postal 1120 – CEP 01032-970 – São Paulo – SP
Tel.(11) 2187-4450 – Fax (11) 2187-4486
E-mail: editora@sp.senac.br
Home page: http://www.editorasenacsp.com.br

Proibida a reprodução sem autorização expressa.
Direitos desta edição no Brasil reservados à
Editora Senac São Paulo, 2015
Textos © 2015 Editora Senac São Paulo

MAURICIO DE SOUSA EDITORA
Presidente
Mauricio de Sousa
Diretoria
Alice Keico Takeda
Mauro Takeda e Sousa
Mônica S. e Sousa
Direção de Arte
Alice Keico Takeda
Diretor de Licenciamento
Rodrigo Paiva
Gerente Editorial
Sergio Alves
Editor
Sidney Gusman
Assistente Editorial
Lielson Zeni
Roteiro das Tiras
Robson Barreto de Lacerda
Revisão
Ivana Mello
Editor de Arte
Mauro Souza
Coordenação de Arte
Irene Dellega, Nilza Faustino,
Maria Ap. Rabello, Wagner Bonilla
Arte-final
Clarisse Hirabayashi, Juliana M. de Assis,
Romeu T. Furusawa, Tatiana Monteiro
Assistente de Departamento Editorial
Anne Moreira
Desenho
Emy T. Y. A Costa
Cor
Marcelo Conquista, Mauro Souza
Designer Gráfico
Mariangela Saraiva Ferradás
Supervisão Geral
Mauricio de Sousa

Mauricio de Sousa é membro da
Academia Paulista de Letras (APL)

MAURICIO DE SOUSA EDITORA
Rua do Curtume, 745 – Bloco F
Lapa – São Paulo – SP – CEP 05065-900
Tel.: (11) 3613-5000
Ilustrações © 2015 Mauricio de Sousa e Mauricio de
Sousa Editora Ltda. Todos os direitos reservados.
www.turmadamonica.com.br

Dados Internacionais de Catalogação na Publicação (CIP)
(Jeane dos Reis Passos - CRB 8ª/6189)

Caderno de receitas da Magali / receitas desenvolvidas por Mônica Rangel. – São Paulo: Editora Senac São Paulo, 2015.

ISBN 978-85-396-0884-3

1. Gastronomia 2. Culinária para crianças (receitas e preparo) 3. Culinária por crianças (receitas e preparo) 4. Culinária : Historia em quadrinhos I. Rangel, Mônica.

	CDD 641.5622
	641.5123
	BISAC CKB119000
15-328s	CKB120000

Índice para catálogo sistemático:
1. Gastronomia : Culinária para crianças   641.5622
2. Gastronomia : Culinária por crianças   641.5123

RECEITAS DESENVOLVIDAS POR
MÔNICA RANGEL

SUMÁRIO

DIÁRIO DA DONA LINA

- 12 Barrinha de cereal com creme de avelã
- 15 Bolo de caneca de micro-ondas
- 16 Bolo de melancia
- 18 Brigadeiro de copinho
- 21 Cookie com gotas de chocolate
- 22 Gelatina colorida
- 24 Maçã do amor
- 26 Minissuspiro
- 29 Pé de moleque do Chico Bento
- 31 Pizza de pastel

PADARIA DO QUINZINHO

- 35 Alfajor
- 36 Biscoito casadinho
- 39 Empadão de frango com requeijão cremoso
- 40 Empadinha de queijo
- 42 Pão com sementes de girassol
- 45 Pão de batata
- 46 Pão de mel
- 49 Pão de queijo
- 50 Sonho
- 52 Torre de sanduíche
- 55 Torta de frango de liquidificador

DOCES DA TIA NENA

80 Bolo de cenoura
82 Bolo de mandioca
85 Bolo de milho
87 Bolo mousse de chocolate
88 Bolo no palito
90 Cheesecake de goiaba
92 Pavê duplo
94 Potinho de brownie com doce de leite e suspiro
97 Sorvete de biscoito
98 Torta de banana invertida

DELÍCIAS DA VOVÓ COTA

59 Arroz de forno com batata palha
60 Cocada de colher
62 Crumble de banana
64 Hamburguinho vegetariano
67 Macarrão com queijo
68 Mini-hambúrguer
70 Panqueca
73 Pizza de frigideira
74 Pudim de coco
77 Tapioca com carne-seca e queijo coalho

SUCOS E SORVETES DA MAGALI

102 Farofa doce
105 Milk-shake de banana
106 Milk-shake de chocolate
108 Milk-shake de morango
111 Picolé de frutas vermelhas
112 Sorvete de chocolate
115 Suco de limão, melancia e morango
116 Suco de melancia com água de coco
118 Suco de melancia e gengibre

NOTA DOS EDITORES

Publicar as receitas preferidas da Magali – que, veja só, já tem mais de 50 anos de existência! – não é apenas divertido mas também uma forma de reavivar algo que pertence mesmo à nossa cultura. Quem nunca se deliciou com um pé de moleque, ainda mais se for do Chico Bento? Um pudim de coco ou um pão de queijo... sempre com o charme da mais elegante comilona da Turma da Mônica?

O **CADERNO DE RECEITAS DA MAGALI** é um convite à infância. E as crianças são chamadas a pôr a mão na massa! Afinal, ajudar a fazer uma receita e depois saboreá-la é uma experiência inesquecível. As receitas são fáceis de fazer e vão agradar o exigente paladar dos pequenos *chefs*, que vão auxiliar no preparo de receitas com uma das personagens mais cativantes do Mauricio de Sousa.

Lançamento do Senac São Paulo, com ilustrações dos estúdios de Mauricio de Sousa, este caderno de receitas proporciona uma experiência lúdica e essencial entre adultos e crianças.

APRESENTAÇÃO

As receitas deste livro foram preparadas para que você se sinta como a Magali: com muito apetite! Em cada uma delas, há um toque de gostosura para que você recorde as sensações da infância. Convide as crianças para ajudar na preparação dessas guloseimas e, principalmente, para se deliciar com elas. Os pequenos *chefs* são lembrados no final de algumas receitas, sempre que sua ajuda for bem-vinda e o preparo for seguro. Embarque nesta história que não está no gibi: você e sua família são os convidados de honra da Magali!

NOTA AOS CELÍACOS Em todas as receitas, a farinha de trigo pode ser substituída (na mesma proporção) por uma mistura de farinha sem glúten, constituída por ½ xícara (chá) de farinha de arroz, ¼ de xícara (chá) de fécula de batata e ¼ de xícara (chá) de polvilho doce.

DIÁRIO DA DONA LINA

BARRINHA DE CEREAL COM CREME DE AVELÃ

🥘 1 fôrma retangular de 40 cm × 30 cm
⏲ 1 hora

INGREDIENTES

3 xícaras (chá) de aveia em flocos
1 xícara (chá) de mel
¼ xícara (chá) de semente de linhaça
½ xícara (chá) de ameixa seca, sem caroço, picada
¼ xícara (chá) de castanha-de-caju picada
½ xícara (chá) de damasco seco picado
1 pitada de canela em pó
1 xícara (chá) cheia de creme de avelã
1 xícara (chá) de flocos de arroz

MODO DE PREPARO

1 Em uma panela, coloque a aveia, o mel, a semente de linhaça, a ameixa, a castanha-de-caju e o damasco picados, a canela em pó e o creme de avelã, e leve ao fogo médio por 3 minutos.

2 Retire do fogo, acrescente os flocos de arroz e misture bem.

3 Transfira a massa para uma fôrma untada e forrada com papel-manteiga; unte o papel-manteiga e, com o auxílio de um filme plástico, alise a superfície da massa e deixe esfriar.

4 Desenforme, corte em retângulos e sirva em seguida.

DICA Espalhe 100 g de chocolate meio amargo derretido sobre a superfície da massa fria e espere endurecer para servir.

PEQUENOS *CHEFS*
As crianças podem ajudar misturando todos os ingredientes e espalhando-os na fôrma.

BOLO DE CANECA DE MICRO-ONDAS

2 bolos
5 minutos

INGREDIENTES

1 ovo
3 colheres (sopa) de óleo de girassol
4 colheres (sopa) de leite
3 colheres (sopa) de açúcar
3 colheres (sopa) de chocolate em pó
4 colheres (sopa) de farinha de trigo
½ colher (chá) de fermento químico em pó

MODO DE PREPARO

1 Em uma tigela, misture o ovo e o óleo, e acrescente o leite, o açúcar e o chocolate em pó. Mexa bem até incorporar todos os ingredientes.

2 Aos poucos, adicione a farinha de trigo, mexendo sempre.

3 Por último, coloque o fermento em pó e misture.

4 Divida a massa em duas canecas de 300 mℓ e leve ao micro-ondas por 3 minutos. Não se assuste se a massa do bolo crescer e ultrapassar a caneca, pois ela não irá transbordar.

5 Retire do micro-ondas e sirva.

PEQUENOS *CHEFS*
As crianças podem participar de todo o processo.

BOLO DE MELANCIA

 1 fôrma redonda de 20 cm de diâmetro ou 6 fôrmas de cupcake
1h30

INGREDIENTES

BOLO
3 ovos
3 xícaras (chá) de açúcar
1 colher (sopa) de margarina
4 xícaras (chá) de farinha de trigo
2 xícaras (chá) de suco de melancia
1 colher (sopa) de fermento químico em pó

MERENGUE
6 claras
6 colheres (sopa) de açúcar

DECORAÇÃO
100 g de raspas de chocolate ou confeitos coloridos

MODO DE PREPARO

BOLO

1 Bata as claras em neve e reserve.

2 Na batedeira, bata o açúcar, a margarina e a gema por 3 minutos.

3 Adicione a farinha de trigo e o suco de melancia, e continue batendo até formar uma massa homogênea.

4 Em seguida, acrescente a clara em neve e, por último, junte o fermento em pó; bata por mais 40 segundos na menor velocidade da batedeira.

5 Despeje a massa na fôrma, untada e enfarinhada.

6 Asse em forno preaquecido em temperatura média (180 ºC) por aproximadamente 40 minutos ou até dourar.

MERENGUE

1 Bata as claras em neve firme e vá adicionando aos poucos o açúcar. Reserve.

DECORAÇÃO

1 Cubra o bolo com o merengue e salpique as raspas de chocolate ou os confeitos.

2 Sirva em seguida.

PEQUENOS CHEFS
As crianças podem decorar o bolo.

BRIGADEIRO DE COPINHO

10 porções
20 minutos

INGREDIENTES

1 lata de leite condensado
200 ml de creme de leite fresco
50 g de manteiga sem sal
5 colheres (sopa) de chocolate em pó
Chocolate granulado para decorar

MODO DE PREPARO

1 Leve todos os ingredientes ao fogo baixo até atingir o ponto de brigadeiro (a massa deve se soltar do fundo da panela).

2 Coloque nos copinhos imediatamente.

3 Decore com o chocolate granulado.

DICAS Pode-se substituir o chocolate em pó por chocolate meio amargo picado ou por pistache triturado grosseiramente. Também é possível trocar o granulado por algum tipo de castanha triturada ou confeito.

PEQUENOS *CHEFS*
As crianças podem ajudar colocando o brigadeiro no potinho e salpicando o granulado.

COOKIE COM GOTAS DE CHOCOLATE

 35 unidades de 20 g cada
40 minutos

INGREDIENTES

1 ovo
125 g de manteiga sem sal em temperatura ambiente
¾ xícara (chá) de açúcar
½ xícara (chá) de açúcar mascavo
1 colher (chá) de essência de baunilha
1 ¾ xícara (chá) de farinha de trigo
1 colher (chá) de fermento químico em pó
200 g de chocolate meio amargo picado

MODO DE PREPARO

1 Bata o ovo e reserve.

2 Bata a manteiga, o açúcar, o açúcar mascavo e a essência de baunilha na batedeira.

3 Adicione o ovo batido e a farinha aos poucos, e bata até formar uma massa homogênea.

4 Por último, junte o fermento e misture apenas para incorporá-lo à massa.

5 Depois que a massa estiver bem misturada, adicione o chocolate picado.

6 Forme bolinhas pequenas (cerca de 3 cm) e coloque-as em um tabuleiro com papel-manteiga, distantes umas das outras, de modo que tenham espaço suficiente para crescer.

7 Leve ao forno preaquecido a 180 °C, por aproximadamente 10 a 15 minutos, tomando cuidado para que o fundo não queime.

DICA Para fazer cookie de chocolate, acrescente ¼ xícara (chá) de chocolate em pó.

PEQUENOS *CHEFS*
As crianças podem ajudar fazendo as bolinhas.

GELATINA COLORIDA

8 porções
3 horas

INGREDIENTES

4 caixas de gelatina de diferentes sabores
½ lata de leite condensado
½ lata de creme de leite sem soro

MODO DE PREPARO

1 Prepare as gelatinas, seguindo as instruções da embalagem.

2 Coloque cada sabor em um tabuleiro e deixe gelar.

3 Depois de prontas, corte-as em pedaços pequenos com uma faca.

4 Misture o leite condensado com o creme de leite, e despeje sobre as gelatinas.

5 Coloque em taças e deixe na geladeira por 2 horas antes de servir.

MAÇÃ DO AMOR

4 porções
30 minutos

INGREDIENTES

4 maçãs vermelhas
4 palitos de picolé
½ xícara (chá) de água
1 ½ xícara (chá) de açúcar
½ xícara (chá) de glicose de milho
½ xícara (chá) de corante alimentício vermelho

MODO DE PREPARO

1 Lave e seque bem as maçãs.

2 Espete um palito de picolé em cada uma das frutas, no lado do cabinho, e reserve.

3 Em uma panela, misture a água, o açúcar, a glicose de milho e o corante vermelho, e leve ao fogo baixo até levantar fervura, deixando ferver por cerca de 5 minutos, ou até a calda atingir o ponto de fio grosso.

4 Segure a maçã pelo palito, mergulhe-a rapidamente na calda, inclinando a panela para que cubra toda a fruta.

5 Retire-a e deixe escorrer o excesso em uma assadeira.

6 Deixe a casca esfriar e endurecer antes de servir.

DICA Para testar se a calda está em ponto de fio grosso, pingue um pouco de calda em uma tigela com água fria – ela deverá formar fios duros. Se você tiver termômetro para doces, a temperatura da calda deve estar em 145 °C.

MINISSUSPIRO

40 unidades
1 hora

INGREDIENTES

1 xícara (chá) de clara em temperatura ambiente
3 xícaras (chá) de açúcar
Raspas de 1 limão

MODO DE PREPARO

1 Misture bem a clara com o açúcar e leve à batedeira até obter um merengue firme e brilhante.

2 Acrescente as raspas do limão no final.

3 Coloque o merengue em um saco de confeitar e modele os suspiros do tamanho desejado em uma fôrma coberta com papel-manteiga.

4 Asse em forno muito baixo (110 °C) por 1 hora. Desligue o forno e deixe os suspiros esfriarem dentro.

PÉ DE MOLEQUE DO CHICO BENTO

 1 tabuleiro de 30 cm × 20 cm
15 minutos

INGREDIENTES

600 g de amendoim cru sem pele
600 g de açúcar
30 g de manteiga
350 mℓ de leite condensado

MODO DE PREPARO

1 Leve ao fogo o amendoim, o açúcar e a manteiga, até o açúcar virar um caramelo.

2 Adicione o leite condensado e mexa bem, até que seja completamente incorporado.

3 Despeje em um tabuleiro untado com manteiga.

PIZZA DE PASTEL

10 porções
20 minutos

INGREDIENTES

10 discos de massa de pastel comprada pronta
50 ml de molho de tomate
100 g de mozarela ralada
1 tomate cortado em cubos pequenos
5 g de orégano seco
5 g de manjericão fresco
50 g de milho em conserva

MODO DE PREPARO

1 Coloque os discos de pastel para assar em forno preaquecido a 180 °C por 5 minutos.

2 Retire do forno, passe o molho de tomate e cubra com a mozarela, o tomate, o orégano, o manjericão e o milho.

3 Volte ao forno para derreter o queijo, por cerca de 5 minutos.

4 Sirva imediatamente.

PEQUENOS *CHEFS*
As crianças podem ajudar na montagem dos pastéis.

PADARIA DO QUINZINHO

ALFAJOR

 20 unidades
1h30

INGREDIENTES

200 g de manteiga sem sal
1 xícara (chá) de açúcar peneirado
1 ovo
2 gemas
4 colheres (sopa) de mel
5 xícaras (chá) de farinha de trigo peneirada
½ colher (sopa) de bicarbonato de sódio
2 colheres (sopa) de fermento químico em pó
½ colher (sopa) de essência de baunilha
Doce de leite
400 g de chocolate para cobertura

MODO DE PREPARO

1 Bata a manteiga, o açúcar, o ovo, as gemas e o mel na batedeira e reserve.

2 Em uma vasilha, misture a farinha de trigo, o bicarbonato de sódio, o fermento em pó e a essência de baunilha.

3 Por último, adicione a mistura de manteiga à de farinha.

4 Sove bem a massa até ficar lisa e macia, e deixe descansar por cerca de 30 minutos.

5 Abra a massa em uma superfície enfarinhada, deixando uma espessura de 5 mm.

6 Com um cortador próprio, recorte círculos de cerca de 5 cm de diâmetro e coloque-os em uma assadeira untada e enfarinhada.

7 Asse por cerca de 10 minutos em forno médio (180 °C) preaquecido. É importante não deixar assar muito para não ficar com consistência de biscoito.

8 Retire do forno e deixe esfriar.

9 Depois de frio, una dois discos com uma camada de doce de leite, retirando o excesso da lateral. Repita esse procedimento com o restante dos círculos.

10 Banhe os alfajores um a um no chocolate derretido.

11 Coloque-os sobre o papel-manteiga e deixe secar.

PEQUENOS *CHEFS*
As crianças podem rechear o alfajor.

BISCOITO CASADINHO

20 unidades
1 hora

INGREDIENTES

2 ½ xícaras (chá) de farinha de trigo peneirada
½ xícara (chá) de açúcar peneirado
160 g de manteiga gelada em cubos
1 ovo
½ xícara (chá) de geleia de morango
Açúcar de confeiteiro para polvilhar

MODO DE PREPARO

1 Em um processador, coloque a farinha de trigo, o açúcar e a manteiga, até virar uma farofa.

2 Adicione o ovo e bata até a massa ficar lisa e macia.

3 Envolva a massa em um filme plástico e deixe descansar na geladeira por 30 minutos.

4 Abra a massa em uma superfície enfarinhada, deixando uma espessura aproximada de 2 mm.

5 Corte com o molde desejado.

6 Recheie a metade dos biscoitos com a geleia de morango e cubra com a outra metade.

7 Leve ao forno médio (180 °C) preaquecido e asse por 15 minutos.

8 Polvilhe o açúcar de confeiteiro assim que sair do forno. Sirva frio.

PEQUENOS *CHEFS*
As crianças podem ajudar a rechear o biscoito.

EMPADÃO DE FRANGO COM REQUEIJÃO CREMOSO

1 fôrma redonda de 20 cm de diâmetro
45 minutos

INGREDIENTES

MASSA
500 g de farinha de trigo peneirada
400 g de manteiga picada
2 colheres (chá) rasas de sal
2 gemas

RECHEIO
3 colheres (sopa) de azeite
1 cebola picadinha
3 dentes de alho amassados
500 g de peito de frango cozido e desfiado
2 tomates picados em cubinhos
200 mℓ de caldo do cozimento do peito de frango
Sal a gosto
½ xícara (chá) de cheiro-verde picado
250 g de palmito picado
1 copo de requeijão cremoso

MODO DE PREPARO

MASSA

1 Em uma tigela, coloque a farinha de trigo; faça um buraco no centro e adicione a manteiga, o sal e as gemas.

2 Amasse com a ponta dos dedos até obter uma massa homogênea.

3 Deixe descansar por 30 minutos em local fresco.

RECHEIO

1 Em uma panela bem quente, coloque o azeite, a cebola e o alho, doure levemente e adicione o frango desfiado, mexendo até refogar bem o frango.

2 Acrescente os tomates picados, deixe cozinhar um pouco e coloque o caldo do frango e o sal.

3 Por último, junte o cheiro-verde e o palmito, mexendo bem.

4 Forre uma fôrma de fundo falso com metade da massa, coloque o recheio de frango, espalhe o requeijão cremoso por cima e feche com o restante da massa.

5 Pincele a massa com gema e leve ao forno preaquecido a 200 °C por cerca de 30 minutos ou até que esteja bem dourada.

DICAS Pode-se trocar o frango pela mesma quantidade de camarão ou por 600 g de palmito. Se preferir, substitua metade da farinha de trigo da massa por farinha de trigo integral.

PEQUENOS *CHEFS*
As crianças podem ajudar fazendo a massa.

EMPADINHA DE QUEIJO

30 unidades
40 minutos

INGREDIENTES

MASSA
3 xícaras (chá) de farinha de trigo peneirada
4 colheres (sopa) de manteiga
1 gema
2 colheres (sopa) de água
1 colher (chá) de sal

RECHEIO
1 xícara (chá) de leite
2 ovos
100 g de queijo parmesão ralado

MODO DE PREPARO

MASSA
1 Amasse todos os ingredientes e deixe a massa descansar por 30 minutos na geladeira.

2 Retire da refrigeração e forre fôrmas de empadinha.

RECHEIO
1 Bata todos os ingredientes no liquidificador.

2 Preencha as forminhas e leve ao forno preaquecido a 180 °C por cerca de 20 minutos ou até que as empadinhas estejam douradas.

PEQUENOS CHEFS
As crianças podem ajudar a preparar a massa e forrar as forminhas.

PÃO COM SEMENTES DE GIRASSOL

🥖 3 fôrmas de bolo inglês
⏰ 1h30

INGREDIENTES

MASSA MÃE
4 colheres (sopa) de mel
2 xícaras (chá) de água bem quente
2 xícaras (chá) de água fria
7 colheres (sopa) de fermento biológico seco

MASSA PRINCIPAL
2 ¾ xícaras (chá) de farinha de trigo integral peneirada
2 ¾ xícaras (chá) farinha de trigo peneirada
3 colheres (sopa) de sal
2 xícaras (chá) de semente de girassol

MODO DE PREPARO

MASSA MÃE
1 Misture todos os ingredientes e deixe descansar por 30 minutos ou até formar espuma.

MASSA PRINCIPAL
1 Misture as farinhas de trigo, o sal e as sementes de girassol com a massa mãe, que deve ficar úmida.

2 Divida a massa em três partes e coloque cada uma em uma fôrma untada.

3 Leve ao forno preaquecido a 110 °C por 20 minutos.

4 Depois, aumente a temperatura para 210 °C por 15 minutos ou até que se bata no fundo da fôrma e faça um som oco.

PÃO DE BATATA

- 17 unidades de 95 g
- 2 horas

INGREDIENTES

300 g de batata cozida e amassada
3 ovos
200 mℓ de leite
100 g de manteiga
45 g de fermento biológico seco
1 kg de farinha de trigo
2 colheres (sopa) de sal
1 gema

MODO DE PREPARO

1 Leve ao liquidificador todos os ingredientes, exceto a farinha de trigo e o sal.

2 Em uma tigela, coloque a mistura batida e acrescente a farinha de trigo e o sal aos poucos.

3 Transfira a massa para uma superfície lisa e enfarinhada, e a trabalhe bem.

4 Deixe descansar por cerca de 40 minutos ou até que dobre de volume.

5 Forme bolinhas do tamanho desejado, coloque em um tabuleiro untado e deixe crescer novamente por cerca de 30 minutos.

6 Pincele com gema e leve ao forno preaquecido a 150 °C por cerca de 35 minutos.

PEQUENOS *CHEFS*
As crianças podem ajudar trabalhando a massa.

PÃO DE MEL

- 1 fôrma retangular de 30 cm × 15 cm
- 1 hora

INGREDIENTES

250 g de açúcar mascavo
1 xícara (chá) de água
2 ovos
2 ½ xícaras (chá) de farinha de trigo
½ colher (chá) de cravo-da-índia moído
½ colher (chá) de canela em pó
1 colher (sopa) de chocolate em pó
½ colher (sopa) de bicarbonato de sódio
½ xícara (chá) de leite
½ xícara (chá) de mel
200 g de chocolate ao leite picado

MODO DE PREPARO

1 Ferva o açúcar mascavo com a água (sem mexer) em fogo baixo, por cerca de 20 minutos.

2 Bata as claras em neve e reserve.

3 Misture aos poucos a farinha de trigo e as especiarias na calda de açúcar já fria.

4 Acrescente o chocolate em pó, o bicarbonato de sódio previamente dissolvido no leite e as gemas.

5 Por último, adicione as claras em neve e o mel, misturando delicadamente.

6 Unte e enfarinhe uma fôrma retangular de 30 cm × 15 cm, ou forminhas de pão de mel, e despeje a massa.

7 Leve para assar em forno preaquecido a 160 ºC por 20 minutos.

8 Retire, deixe esfriar e desenforme.

9 Derreta no micro-ondas o chocolate ao leite picado, mexendo a cada 30 segundos, e banhe o pão de mel no chocolate derretido.

PÃO DE QUEIJO

- 50 unidades pequenas
- 1 hora

INGREDIENTES

800 ml de leite
100 g de manteiga
20 g de sal
1 kg de polvilho doce
6 ovos
500 g de queijo parmesão ralado

MODO DE PREPARO

1 Coloque o leite para ferver com a manteiga e o sal.

2 Em uma bacia, coloque o polvilho e escalde com o leite fervendo.

3 Misture muito bem com as mãos e deixe amornar.

4 Acrescente os ovos e o queijo parmesão, e incorpore-os completamente antes de moldar as bolinhas.

5 Asse imediatamente em forno preaquecido a 180 °C ou congele.

SONHO

20 unidades
1h30

INGREDIENTES

MASSA
40 g de fermento biológico fresco
½ xícara (chá) de açúcar
2 ovos
2 gemas
3 xícaras (chá) de leite morno
3 colheres (sopa) de margarina
500 g de farinha de trigo
1 colher (chá) de sal
1 ℓ de óleo, para fritar

RECHEIO
1 ℓ de leite
250 g de açúcar
75 g de farinha de trigo peneirada
4 gemas
1 fava de baunilha

COBERTURA
Açúcar de confeiteiro, na quantidade desejada

MODO DE PREPARO

MASSA
1 Dissolva o fermento no açúcar e acrescente os ovos, as gemas, o leite, a margarina e metade da farinha de trigo. Deixe descansar até começar a crescer.

2 Acrescente o sal e o restante da farinha de trigo, e amasse até soltar das mãos. Deixe crescer novamente.

3 Com um rolo de massa, abra a massa na espessura de um dedo.

4 Corte com a borda de um copo e deixe em repouso por, aproximadamente, 30 minutos.

5 Frite a massa sob imersão no óleo, passe os sonhos ainda quentes em açúcar de confeiteiro, corte-os ao meio e recheie-os.

RECHEIO
1 Em uma panela, leve ao fogo o leite com a metade do açúcar.

2 Quando estiver fervendo, misture a outra metade do açúcar com a farinha de trigo peneirada e despeje-os na panela, sempre mexendo para não encaroçar.

3 Adicione as gemas e a fava de baunilha, e cozinhe por mais alguns minutos.

4 Espere o creme esfriar antes de rechear os sonhos.

DICA Recheie os sonhos com doce de leite ou geleia de goiaba.

TORRE DE SANDUÍCHE

5 porções
20 minutos

INGREDIENTES

1 pote pequeno de maionese *light*
15 fatias de pão de fôrma sem casca
10 folhas de alface
250 g de presunto magro fatiado fino
250 g de queijo prato fatiado fino
5 palitos para sanduíche

MODO DE PREPARO

1 Passe a maionese em uma fatia de pão de fôrma.

2 Cubra-a com uma folha de alface e uma fatia de presunto.

3 Acrescente uma outra fatia de pão com maionese e cubra com alface e queijo prato.

4 Finalize com uma fatia de pão de fôrma também com maionese.

5 Para servir, corte o sanduíche na diagonal, empilhe uma metade sobre a outra e espete um palito para formar a torre.

6 Repita esse procedimento com o restante dos ingredientes até construir 5 torres.

TORTA DE FRANGO DE LIQUIDIFICADOR

🥧 1 fôrma quadrada de 20 cm × 20 cm
⏱ 45 minutos

INGREDIENTES

MASSA
1 ½ xícara (chá) de azeite
1 ½ xícara (chá) de leite
4 ovos
1 ½ xícara (chá) de farinha de trigo
1 colher (chá) de sal
½ xícara (chá) de queijo parmesão ralado
1 colher (sopa) de fermento químico em pó

RECHEIO
3 colheres (sopa) de azeite
1 cebola picadinha
3 dentes de alho picadinhos
1 peito de frango cozido e desfiado
Sal a gosto
Pimenta-do-reino a gosto
1 xícara (chá) de azeitonas verdes picadas
Farinha de rosca
1 xícara (chá) de requeijão

MODO DE PREPARO

MASSA
1 Bata todos os ingredientes no liquidificador, colocando os líquidos primeiro e acrescentando os sólidos aos poucos. Reserve.

RECHEIO
1 Aqueça o azeite e refogue a cebola e o alho.

2 Acrescente o frango desfiado e tempere com sal e pimenta-do-reino a gosto.

3 Adicione as azeitonas e misture tudo muito bem.

4 Unte uma fôrma com manteiga ou margarina e polvilhe com farinha de rosca.

5 Cubra o fundo com metade da massa e coloque todo o recheio.

6 Por cima, junte o restante da massa.

7 Espalhe o requeijão cremoso em toda a fôrma e polvilhe farinha de rosca por cima.

8 Leve ao forno preaquecido a 200 °C por 30 minutos.

DICAS Pode-se trocar o frango por outra proteína (camarão, carne-seca, soja, etc.). Se preferir, utilize apenas metade da farinha de trigo e complete a outra metade com farinha de trigo integral. O requeijão cremoso pode ser substituído por cream cheese.

DELÍCIAS DA VOVÓ COTA

ARROZ DE FORNO COM BATATA PALHA

4 porções
40 minutos

INGREDIENTES

1 peito de frango
3 colheres (sopa) de cebola picada
2 dentes de alho amassados
½ lata de milho
½ lata de ervilha
2 xícaras (chá) de arroz cozido
1 copo de requeijão cremoso
1 lata de creme de leite
100 g de mozarela ralada
100 g de presunto ralado
200 g de batata palha

MODO DE PREPARO

1 Cozinhe o peito de frango, desfie-o e refogue-o com a cebola, o alho, o milho e a ervilha.

2 Em um recipiente, misture o arroz cozido com os demais ingredientes (exceto a batata palha) e despeje em um refratário médio.

3 Para finalizar, coloque a batata palha por cima e leve ao forno preaquecido a 150 °C por 15 minutos.

DICA Se preferir, acrescente ½ lata de molho de tomate.

COCADA DE COLHER

600 g ou 8 porções
40 minutos

INGREDIENTES

180 g de coco fresco ralado
200 mℓ de água de coco
2 cravos-da-índia
200 mℓ de leite condensado
70 g de açúcar

MODO DE PREPARO

1 Leve todos os ingredientes, de preferência em um tacho, ao fogo médio e mexa constantemente até o ponto de doce em pasta, ou seja, ponto de comer com colher.

CRUMBLE DE BANANA

🥧 1 fôrma redonda de 20 cm × 20 cm
⏲ 30 minutos

INGREDIENTES

FAROFA
4 colheres (sopa) de farinha de trigo
½ xícara (chá) de açúcar mascavo
½ xícara (chá) de aveia em flocos
1 colher (chá) de canela em pó
¼ xícara (chá) de manteiga em temperatura ambiente
¼ xícara (chá) de nozes picadas
1 pitada sal

FRUTA
6 bananas-nanicas maduras
1 ½ colher (sopa) de suco de limão
1 colher (sopa) de açúcar
1 colher (sopa) de açúcar mascavo

MODO DE PREPARO

FAROFA
1 Em uma tigela, junte todos os ingredientes e misture com a ponta dos dedos.

FRUTA
1 Descasque e corte as bananas em rodelas, e misture com o suco de limão para não ficarem pretas.

2 Unte uma fôrma com manteiga, coloque as rodelas de banana, polvilhe os açúcares e espalhe a farofa por cima.

3 Leve ao forno preaquecido a 200 °C por aproximadamente 15 minutos.

DICAS Sirva quente com sorvete de creme ou canela. Se preferir, substitua as bananas por maçãs, mas deixe mais tempo no forno para que fiquem macias.

HAMBURGUINHO VEGETARIANO

 35 hamburguinhos de 5 cm
20 minutos

INGREDIENTES

400 g de grão-de-bico cozido
1 colher (sopa) de azeite
200 g de cebola ralada
4 dentes de alho picados
Salsa e cebolinha picadas a gosto
1 ½ colher (sopa) de curry em pó
1 ½ colher (chá) de cominho
100 g de aveia
1 ovo
200 g de farinha de rosca
1 colher (sopa) de sal
Azeite para fritar

MODO DE PREPARO

1 Processe o grão-de-bico cozido e misture-o manualmente com os demais ingredientes (reserve metade da farinha de rosca).

2 Faça o formato de hambúrguer e passe na outra metade da farinha de rosca.

3 Leve à frigideira com azeite para selar.

MACARRÃO COM QUEIJO

2 porções
30 minutos

INGREDIENTES

80 g de manteiga
2 colheres (sopa) de farinha de trigo
600 mℓ de leite
1 pitada de páprica doce
200 g de queijo cheddar ralado
100 g de queijo gouda ralado
250 g de massa curta (penne, fusilli, etc.)
½ xícara (chá) de farinha de rosca
50 g de queijo parmesão ralado

MODO DE PREPARO

1 Em uma panela, derreta a manteiga em fogo médio, acrescente a farinha de trigo e misture bem.

2 Aos poucos, adicione o leite, mexendo constantemente.

3 Junte a páprica doce, o queijo cheddar e o gouda, e misture bem.

4 Deixe a panela no fogo até os queijos derreterem e o molho ficar um pouco espesso.

5 Cozinhe o macarrão e coloque-o em uma fôrma refratária.

6 Despeje o molho por cima e mexa bem.

7 Misture a farinha de rosca com o queijo parmesão ralado e salpique essa mistura sobre o macarrão.

8 Leve ao forno preaquecido a 180 °C por 30 minutos. Sirva imediatamente.

MINI-HAMBÚRGUER

 30 unidades
30 minutos

INGREDIENTES

4 colheres (sopa) de aveia em flocos
50 mℓ de leite
500 g de carne moída
2 colheres (sopa) de cebola ralada
1 ovo
1 colher (chá) de sal
Salsa e cebolinha picadas
100 mℓ de óleo, para fritar

MODO DE PREPARO

1 Hidrate a aveia no leite e, em seguida, misture todos os ingredientes.

2 Modele os mini-hambúrgueres e frite-os em uma fina camada de óleo quente.

DICA Substitua a carne moída por frango ou proteína de soja.

PANQUECA

 10 unidades de 10 cm
40 minutos

INGREDIENTES

1 xícara (chá) e 2 colheres (sopa) de farinha de trigo
1 colher (sopa) de fermento químico em pó
1 colher (sopa) de açúcar
1 pitada de sal
2 ovos
½ xícara (chá) de leite

MODO DE PREPARO

1 Misture os ingredientes secos em uma tigela.

2 Faça um buraco, coloque os ovos e adicione o leite aos poucos para não empelotar, mexendo sempre.

3 Deixe descansar por 30 minutos.

4 Em uma frigideira antiaderente e quente, despeje a massa no centro (umas 2 colheres de sopa, para ficarem grossas).

5 Quando formar bolhas, vire com uma espátula e deixe o outro lado dourar.

6 Sirva quente com manteiga, geleia, mel, frutas picadas ou com o que preferir.

PIZZA DE FRIGIDEIRA

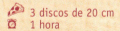 3 discos de 20 cm
1 hora

INGREDIENTES

MASSA
5 g de fermento biológico seco
1 colher (sobremesa) de sal
1 colher (sobremesa) de açúcar
175 mℓ de água morna
3 colheres (sobremesa) de azeite
250 g de farinha de trigo

RECHEIO
8 colheres (sopa) de molho de tomate
200 g de mozarela ralada
50 g de queijo gorgonzola
10 tomates-cereja cortados no sentido do comprimento
Folhas de manjericão fresco

MODO DE PREPARO

MASSA
1 Misture o fermento biológico seco, o sal e o açúcar em uma tigela e despeje os líquidos.

2 Adicione a farinha de trigo e trabalhe bem a massa, acrescentando um pouco mais de farinha, se necessário.

3 Deixe descansar por 40 minutos ou até que dobre de volume.

RECHEIO
1 Abra a massa em discos de espessura fina.

2 Passe o molho de tomate nos discos e coloque a mozarela e o gorgonzola.

3 Decore com tomates-cereja e folhas de manjericão.

4 Coloque os discos em uma frigideira antiaderente e cubra-a com papel-alumínio.

5 Leve ao fogo de baixo a médio, até derreter o queijo e dourar as bordas da massa.

PUDIM DE COCO

 1 fôrma redonda de 19 cm de diâmetro com furo central
1h30

INGREDIENTES

CALDA
1 xícara (chá) de açúcar
½ xícara (chá) de água fervente

PUDIM
3 ovos
100 g de coco ralado
300 mℓ de leite de coco
1 lata de leite condensado
395 mℓ de leite

MODO DE PREPARO

CALDA
1 Em uma panela de fundo largo, coloque o açúcar e leve ao fogo baixo até derreter.

2 Quando estiver bem dourado, junte a água fervente e mexa com uma colher de cabo longo.

3 Deixe ferver até dissolver os torrões de açúcar.

4 Com a calda, caramelize uma fôrma com furo central e reserve.

PUDIM
1 Leve todos os ingredientes ao liquidificador e bata bem.

2 Despeje a mistura na fôrma caramelizada e leve ao forno a 160 °C por cerca de 40 minutos em banho-maria.

TAPIOCA COM CARNE-SECA E QUEIJO COALHO

6 porções
10 minutos cada porção

INGREDIENTES

250 g de tapioca
Sal a gosto
150 g de carne-seca desfiada
100 g de queijo coalho ralado

MODO DE PREPARO

1 Peneire uma porção de tapioca até que forre completamente o fundo de uma frigideira antiaderente e coloque sal a gosto.

2 Leve ao fogo baixo e deixe que a tapioca se desprenda da frigideira.

3 Vire-a e doure do outro lado.

4 Sobre a tapioca, coloque uma porção de carne-seca e de queijo coalho ralado.

5 Feche e espere esquentar o recheio.

6 Sirva em seguida.

DICA 1 Duas formas de hidratar a tapioca:

A) Espalhe goma seca ou polvilho doce em um tabuleiro e cubra com água (ou com o suco desejado), até um dedo de água além da goma (500 g de goma para 350 mℓ de líquido). Com a ajuda de uma colher, misture bem, aproveitando para coletar as sujeiras que aparecerem. Depois disso, coloque um pano aberto cobrindo toda uma tigela e despeje o líquido no pano. Feche o pano com o líquido dentro e torça-o com vigor, de modo a retirar o líquido e deixar a goma dentro do pano. Transfira a goma hidratada para um tabuleiro, quebre um pouco para espalhar e guarde na geladeira por algumas horas. Passe pela peneira.

B) Junte 500 g de goma seca ou polvilho doce com 250 mℓ de líquido e uma pitada de sal. Misture bem com as mãos, deixe descansar por dez minutos e peneire. Se a massa ficar borrachuda, significa que está muito úmida, então acrescente um pouco mais de goma. Se estiver quebradiça, é necessário adicionar um pouco mais de líquido.

DICA 2 Para preparar uma tapioca colorida, bata no liquidificador um pedaço de beterraba com 250 mℓ de água por aproximadamente 1 minuto em velocidade alta. Coe duas vezes e use o suco para hidratar a tapioca. Você também pode substituir a beterraba por cenoura ou couve, no caso da tapioca salgada, ou por morango, no caso da doce.

DOCES DA TIA NENA

BOLO DE CENOURA

 1 fôrma retangular de 30 cm × 20 cm
1 hora

INGREDIENTES

250 g de cenoura crua cortada em cubos
3 ovos
1 xícara (chá) de óleo
2 xícaras (chá) de farinha de trigo peneirada
2 xícaras (chá) de açúcar peneirado
1 colher (sopa) de fermento químico em pó

MODO DE PREPARO

1 Bata a cenoura, os ovos e o óleo no liquidificador por 2 minutos.

2 Acrescente a farinha de trigo, o açúcar e o fermento em pó, e bata por mais 1 minuto.

3 Em uma fôrma untada e enfarinhada, despeje a mistura e leve ao forno preaquecido a 180 °C por 30 minutos, ou até espetar um palito e ele sair limpo.

DICA Com o bolo ainda quente, polvilhe ½ xícara (chá) de açúcar com 2 colheres (sopa) de canela em pó.

BOLO DE MANDIOCA

1 fôrma retangular de 40 cm × 30 cm
1 hora

INGREDIENTES

6 ovos
3 colheres (sopa) de manteiga
4 xícaras (chá) de mandioca crua ralada
1 xícara (chá) de coco ralado
100 mℓ de leite de coco
2 colheres (sopa) de queijo parmesão ralado
3 xícaras (chá) de açúcar peneirado
3 colheres (sopa) de farinha de trigo peneirada
1 colher (chá) de fermento químico em pó peneirado

MODO DE PREPARO

1 Bata muito bem os ovos na batedeira e junte a manteiga, a mandioca crua, o coco, o leite de coco e o queijo parmesão.

2 Por último, acrescente o açúcar, a farinha de trigo e o fermento em pó.

3 Despeje a massa em uma fôrma untada e enfarinhada, e leve ao forno preaquecido a 180 °C por 30 minutos, ou até espetar um palito e ele sair limpo.

BOLO DE MILHO

1 fôrma redonda de 25 cm de diâmetro com furo central ou
2 fôrmas de bolo inglês
50 minutos

INGREDIENTES

5 espigas de milho verde
2 copos de leite
3 ovos grandes
2 xícaras (chá) de açúcar peneirado
1 xícara (chá) de farinha de trigo peneirada
1 ½ colher (sopa) de manteiga sem sal
1 xícara (chá) de queijo parmesão ralado
1 colher (sopa) de fermento químico em pó

MODO DE PREPARO

1 Tire os grãos de milho das espigas cruas e leve todos os ingredientes para bater no liquidificador, colocando primeiro os líquidos.

2 Coloque a massa em uma fôrma untada e enfarinhada, e leve ao forno preaquecido a 180 °C por cerca de 30 minutos, ou até espetar um palito e ele sair limpo.

BOLO MOUSSE DE CHOCOLATE

 1 fôrma redonda de 20 cm de diâmetro com furo central
30 minutos

INGREDIENTES

BOLO
6 claras
500 g de chocolate meio amargo derretido
200 g de manteiga sem sal em temperatura ambiente
9 gemas
8 colheres (sopa) de açúcar peneirado

GANACHE
200 g de creme de leite
400 g de chocolate meio amargo

DECORAÇÃO
100 g de raspas de chocolate

MODO DE PREPARO

BOLO

1 Bata as claras em neve e reserve.

2 Misture o chocolate derretido com a manteiga.

3 Bata as gemas com o açúcar, adicione à mistura de chocolate e mexa.

4 Por último, incorpore delicadamente as claras em neve.

5 Em uma fôrma untada e enfarinhada, despeje a massa e leve ao forno preaquecido a 180 °C por 20 minutos.

GANACHE

1 Aqueça o creme de leite no fogão ou no micro-ondas, sem ferver.

2 Acrescente o chocolate ralado ou cortado bem pequeno e misture bem, até ficar liso.

DECORAÇÃO

1 Quando o bolo estiver frio, cubra com a ganache e salpique com as raspas de chocolate.

BOLO NO PALITO

15 porções
1h30

INGREDIENTES

3 xícaras (chá) de bolo esfarelado
½ lata de leite condensado
1 xícara (chá) de chocolate ao leite derretido
1 xícara (chá) de confeito de chocolate

MODO DE PREPARO

1 Misture o bolo esfarelado com o leite condensado até formar uma pasta homogênea.

2 Leve à geladeira por cerca de 30 minutos.

3 Faça bolinhas com a massa e resfrie-as na geladeira por mais 30 minutos.

4 Espete as bolinhas com palitos de churrasco ou de pirulito e mergulhe-as no chocolate derretido, escorrendo o excesso e passando imediatamente no confeito.

5 Coloque-as em copos ou em uma placa de isopor para que fiquem em pé durante a secagem.

PEQUENOS *CHEFS*
As crianças podem ajudar esfarelando o bolo, misturando com o leite condensado e fazendo as bolinhas.

CHEESECAKE DE GOIABA

 1 fôrma redonda de 25 cm de diâmetro de fundo removível
1 hora

INGREDIENTES

MASSA
200 g de biscoito de leite
100 g de manteiga sem sal em temperatura ambiente

RECHEIO
450 g de cream cheese
½ xícara (chá) de açúcar
1 colher (chá) de raspas de limão
3 ovos

COBERTURA
1 xícara (chá) de geleia de goiaba

MODO DE PREPARO

MASSA
1 Triture o biscoito e misture com a manteiga em temperatura ambiente.

2 Forre uma fôrma de fundo removível e leve à geladeira por 1 hora.

RECHEIO
1 Bata o cream cheese até que fique fofo.

2 Junte o açúcar, as raspas de limão e os ovos.

3 Coloque o recheio sobre a massa e leve ao forno preaquecido em temperatura média (160 ºC) por 40 minutos.

4 Retire do forno, deixe esfriar e leve à geladeira.

COBERTURA
1 Desenforme e espalhe a geleia de goiaba por cima.

PAVÊ DUPLO

1 refratário retangular de 40 cm × 30 cm
30 minutos

INGREDIENTES

PRIMEIRO CREME
2 gemas
1 lata de leite condensado
395 mℓ de leite

SEGUNDO CREME
2 claras
2 colheres (sopa) de açúcar
1 lata de creme de leite sem soro

BISCOITO MAISENA AO LEITE
100 mℓ de leite
2 colheres (sopa) de chocolate em pó
2 pacotes de biscoito maisena

MODO DE PREPARO

PRIMEIRO CREME
1 Misture muito bem todos os ingredientes e leve ao fogo até virar um creme. Reserve.

SEGUNDO CREME
1 Bata as claras em neve firme com o açúcar.

2 Acrescente o creme de leite, mexendo com cuidado. Reserve.

MONTAGEM
1 Misture o leite com o chocolate em pó e molhe os biscoitos.

2 Disponha em um refratário uma camada de biscoitos, depois uma do primeiro creme e em seguida uma do segundo creme.

3 Repita o processo até que terminem os ingredientes, deixando como última camada o segundo creme.

4 Leve para gelar.

PEQUENOS *CHEFS*
As crianças podem ajudar molhando os biscoitos na mistura de leite com chocolate em pó.

POTINHO DE BROWNIE COM DOCE DE LEITE E SUSPIRO

 8 potes de 260 g
2 horas

INGREDIENTES

BROWNIE
180 g de manteiga em temperatura ambiente
3 xícaras (chá) de açúcar peneirado
250 g de chocolate ao leite derretido
6 ovos
1 colher (chá) de essência de baunilha
1 ¾ xícara (chá) de farinha de trigo peneirada

CHANTILI
200 mℓ de creme de leite fresco
100 g de açúcar

ACOMPANHAMENTOS
Doce de leite
Minissuspiros (receita na página 24)

MODO DE PREPARO

BROWNIE
1 Bata a manteiga com o açúcar até obter uma mistura cremosa.

2 Acrescente o chocolate derretido e mexa.

3 Junte os ovos, a essência de baunilha e a farinha de trigo, misturando bem.

4 Espalhe a massa sobre uma assadeira forrada com papel-manteiga.

5 Asse em forno médio (160 ºC) por cerca de 25 minutos, até que fique firme nas bordas e úmido no interior.

6 Quando frio, quebre em pedaços desiguais.

CHANTILI
1 Bata o creme de leite até formar picos suaves (não bata demais para não desandar).

2 Misture delicadamente o açúcar.

MONTAGEM
1 No fundo de um pote, coloque chantili, pedaços de brownie e doce de leite.

2 Finalize com minissuspiros.

PEQUENOS *CHEFS*
As crianças podem ajudar quebrando o brownie e colocando no pote.

SORVETE DE BISCOITO

1 refratário retangular de 30 cm × 20 cm
3 horas (com o congelamento)

INGREDIENTES

PRIMEIRO CREME
1 lata de leite condensado
395 mℓ de leite
4 gemas
5 mℓ de essência de baunilha

BISCOITO CHAMPAGNE
200 mℓ de leite
2 colheres (sopa) de chocolate em pó
200 g de biscoito tipo champagne

SEGUNDO CREME
4 claras em neve
6 colheres (sopa) de açúcar
1 lata de creme de leite sem soro

MODO DE PREPARO

PRIMEIRO CREME
1 Leve todos os ingredientes ao fogo e deixe engrossar.

2 Use o creme para forrar o fundo de um refratário médio.

BISCOITO CHAMPAGNE
1 Misture o leite com o chocolate em pó e embeba os biscoitos.

2 Coloque-os em cima do primeiro creme.

SEGUNDO CREME
1 Bata muito bem as claras em neve, acrescentando aos poucos o açúcar.

2 Misture levemente o creme de leite às claras.

3 Coloque o segundo creme por cima de tudo.

4 Leve ao congelador.

PEQUENOS *CHEFS*
As crianças podem participar molhando os biscoitos e ajudando na montagem.

TORTA DE BANANA INVERTIDA

 1 fôrma retangular de 40 cm × 30 cm
1h30

INGREDIENTES

CARAMELO DE BANANA
¾ xícara (chá) de açúcar
½ xícara (chá) de água quente
4 bananas-nanicas cortadas no comprimento

MASSA
3 ovos
200 g de manteiga
2 xícaras (chá) de açúcar
2 xícaras (chá) de farinha de trigo
1 xícara (chá) de maisena
1 colher (sopa) de fermento químico em pó
2 xícaras (chá) de leite
2 bananas-nanicas amassadas

MODO DE PREPARO

CARAMELO DE BANANA
1 Derreta o açúcar.

2 Acrescente a água quente e deixe engrossar um pouco.

3 Despeje em uma fôrma untada e enfarinhada.

4 Por cima do caramelo, coloque as bananas cortadas.

MASSA
1 Bata as claras em neve e reserve.

2 Bata a manteiga com o açúcar até formar um creme claro.

3 Acrescente as gemas e torne a bater.

4 À parte, misture a farinha de trigo, a maisena e o fermento em pó.

5 Adicione o leite, intercalando com o creme batido e as bananas amassadas.

6 Por último, incorpore as claras em neve, mexendo delicadamente.

7 Despeje a massa sobre uma fôrma untada e leve ao forno preaquecido a 200 °C por 35 minutos, ou até espetar um palito e ele sair limpo.

SUCOS E SORVETES DA MAGALI

FAROFA DOCE

10 porções
10 minutos

INGREDIENTES

100 g de biscoito maisena moído grosseiramente
100 g de castanha-de-caju moída grosseiramente
50 g de leite em pó
1 colher (sopa) de chocolate em pó
2 colheres (sopa) cheias de açúcar
3 colheres (sopa) de amendoim torrado e moído

MODO DE PREPARO

1 Misture todos os ingredientes.

2 Sirva sobre sorvetes.

DICAS Se preferir, substitua as castanhas-de-caju por nozes, avelãs, amêndoas, castanhas-do-pará ou macadâmias. Guarde em pote esterilizado e bem vedado.

PEQUENOS *CHEFS*
As crianças podem participar de todo o processo.

MILK-SHAKE DE BANANA

4 copos
10 minutos

INGREDIENTES

3 xícaras (chá) de leite
3 xícaras (chá) de banana-prata cortada em rodelas e congelada por 1 hora
1 pote de iogurte natural
1 bola grande de sorvete de creme
2 colheres (sopa) de granulado de chocolate

MODO DE PREPARO

1 Coloque todos os ingredientes no liquidificador, exceto o granulado, e bata até que fique cremoso.

2 Coloque em copos altos e decore com o granulado por cima.

DICA Você pode substituir a banana por outra fruta picada e congelada, como o morango.

MILK-SHAKE DE CHOCOLATE

2 copos
10 minutos

INGREDIENTES

125 ml de leite
3 biscoitos de chocolate recheados
3 bolas de sorvete de baunilha
Cobertura de chocolate para decoração

MODO DE PREPARO

1 Coloque o leite com os biscoitos no liquidificador e bata até o biscoito estar totalmente triturado.

2 Acrescente o sorvete e bata mais um pouco.

3 Sirva imediatamente em copos de milk-shake decorados com a cobertura de chocolate.

MILK-SHAKE DE MORANGO

1 taça
5 minutos

INGREDIENTES

10 morangos
3 bolas de sorvete de baunilha

MODO DE PREPARO

1 Lave bem os morangos e corte-os ao meio.

2 Bata todos os ingredientes no liquidificador por 2 minutos.

3 Consuma em seguida.

PICOLÉ DE FRUTAS VERMELHAS

4 unidades
5 minutos

INGREDIENTES

1 xícara (chá) de morango picado e congelado
1 xícara (chá) de amora picada e congelada
4 colheres (sopa) de mel
2 potes de iogurte natural

MODO DE PREPARO

1 Bata no processador todos os ingredientes.

2 Despeje a mistura em forminhas de picolé e leve ao freezer por 30 minutos.

3 Retire, coloque um palito de picolé e volte ao freezer até ficar totalmente duro.

SORVETE DE CHOCOLATE

20 bolas
4 horas

INGREDIENTES

3 claras
3 gemas
1 lata de leite condensado
790 ml de leite
4 colheres (sopa) de chocolate em pó

MODO DE PREPARO

1 Bata as claras em neve e reserve.

2 Misture os outros ingredientes e leve ao fogo, mexendo até levantar fervura.

3 Retire do fogo e deixe esfriar.

4 Delicadamente, acrescente as claras batidas em neve.

5 Leve ao congelador e, quando começar a endurecer, bata na batedeira.

6 Volte ao refrigerador e, depois de 1 hora, retire e bata novamente.

7 Repita o processo por mais duas vezes para o sorvete ficar bem aerado.

DICAS Se quiser preparar sorvete de creme, substitua o chocolate em pó por 2 colheres (sopa) de essência de baunilha ou por uma fava de baunilha. Sirva com farofa doce (receita na página 100).

SUCO DE LIMÃO, MELANCIA E MORANGO

2 copos
10 minutos

INGREDIENTES

300 g de melancia sem semente e cortada em cubos
6 morangos frescos, limpos e cortados ao meio
30 mℓ de suco de limão-taiti ou limão-siciliano
50 g de açúcar
100 mℓ de água

MODO DE PREPARO

1 No liquidificador, coloque todos os ingredientes.
2 Bata até formar um suco cremoso.

SUCO DE MELANCIA COM ÁGUA DE COCO

2 copos
4 minutos

INGREDIENTES

2 xícaras (chá) de melancia cortada em cubos
4 colheres (sopa) de açúcar
2 xícaras (chá) de água de coco
4 folhas de hortelã
2 pedras de gelo

MODO DE PREPARO

1 Coloque todos os ingredientes no liquidificador e bata bem.

2 Despeje em copos e sirva.

DICA Dê preferência ao açúcar mascavo ou ao demerara, e à água de coco fresca.

SUCO DE MELANCIA E GENGIBRE

2 copos
5 minutos

INGREDIENTES

400 g de melancia sem caroço
50 ml de água
1 colher (chá) de gengibre ralado

MODO DE PREPARO

1 Bata todos os ingredientes no liquidificador.

2 Sirva com muito gelo.

MÔNICA RANGEL

Mineira de Juiz de Fora, Mônica comanda, desde 1994, os fogões do simpático restaurante Gosto com Gosto, em Visconde de Mauá, que faz parte da seleta Associação dos Restaurantes da Boa Lembrança. Todas as linguiças, doces, queijos e pães servidos no restaurante são fabricados por suas mãos habilidosas. Mônica viaja pelo Brasil e exterior para dar palestras, fazer demonstrações culinárias e participar de eventos gastronômicos. Como grande defensora da gastronomia brasileira, promove e participa de diversos eventos, nos quais divide seus conhecimentos e fala sobre a necessidade de valorizar nossa cultura e gastronomia. Também faz parte de seu currículo a elaboração de *buffets*, jantares e coquetéis, de vários tamanhos e formatos. Em 2012, foi escolhida pelo portal IG como uma das mulheres que devem estar na Mira do Brasil, devido à sua importante atuação no país na área de gastronomia. Em parceria com Alex Atala, curador do Retratos do Gosto, movimento de *chefs* em prol de pequenos produtores, apadrinhou dois produtos de Visconde de Mauá, o amaranto e a farinha de pinhão, colaborando desde a produção até a chegada às prateleiras dos mercados. Ainda em 2012, fundou o Movimento Brasil à Mesa, cujo objetivo central é a valorização da gastronomia brasileira. É jurada no reality show culinário *Cozinheiros em Ação*, do canal GNT, ao lado de outros profissionais da área. É autora do livro *Interpretações do gosto*, publicado em 2014 pela Editora Senac São Paulo.